AF338495

PAROLES

PRONONCÉES

AU SERVICE SOLENNEL

DE MONSEIGNEUR

AMAND-RENÉ MAUPOINT

Évêque de Saint-Denis (Ile de la Réunion)

PAROLES

PRONONCÉES

AU SERVICE SOLENNEL

DE MONSEIGNEUR

A.-R. MAUPOINT

ÉVÊQUE DE SAINT-DENIS (ILE DE LA RÉUNION)

Dans l'Église de Chênehutte-les-Tuffeaux

LE 19 SEPTEMBRE 1871

PAR

M. l'abbé A. LE BOUCHER

CHANOINE HONORAIRE, CURÉ DE BEAUFORT

———•◦•———

Se vend au profit de l'Ouvroir de la paroisse de la Trinité d'Angers

ANGERS

IMPRIMERIE P. LACHÈSE, BELLEUVRE ET DOLBEAU

Chaussée Saint-Pierre, 13

1871

Mes Frères,

Ce n'est pas sans une émotion profonde que je prends la
parole dans la triste et solennelle circonstance qui nous ras-
semble au pied des saints autels. Celui que nous pleurons,
et dont la douce mémoire sera longtemps bénie parmi nous,
cujus memoria in benedictione est, fut toujours pour moi un
père vénéré et un guide fidèle ; j'eus le bonheur de recevoir
les prémices de son sacerdoce ; il m'initia à la science de
Dieu, me prépara à ma première communion, et plus tard
m'honora d'une confiance qui restera l'un des meilleurs sou-
venirs de ma vie. C'est à cette affection, qui compte près de

quarante années, que je dois l'honneur de monter aujour-
d'hui dans cette chaire.

Nous ne venons pas, mes Frères, prononcer devant vous
l'oraison funèbre de Monseigneur l'Évêque de Saint-Denis ;
ce devoir de reconnaissance a été rendu à sa mémoire dans
son Église Cathédrale, au jour même de ses obsèques, par
une voix éloquente dont les pieux accents, en traversant les
mers, ont profondément ému nos cœurs. Non, ces quelques
paroles que nous voulons consacrer à la louange d'un com-
patriote et d'un ami vénéré, sont un simple souvenir et un
faible hommage de notre douleur déposés sur une tombe à
peine fermée.

Invité à la dernière heure par le vertueux et modeste com-
pagnon de son apostolat [1], nous venons esquisser à grands
traits la vie si bien remplie d'un prêtre et d'un évêque selon
le cœur de Dieu. En écoutant le récit des œuvres saintes
accomplies par notre cher défunt, vous redirez avec nous ces
paroles que nous avons placées en tête de ce discours : Oui,
ce prêtre, ce pontife a été aimé de Dieu et des hommes, sa
mémoire sera éternellement bénie par tous ceux qui l'ont
connu ; *dilectus Deo et hominibus, cujus memoria in benedic-*
tione est.

C'est à cette pensée, exprimée par le texte sacré, que nous

---

[1] Personne n'ignore que Mgr Maupoint emmena avec lui, en qualité de
Vicaire-Général, M. l'abbé Lambert, chanoine titulaire de la cathédrale
d'Angers, ce prêtre infatigable qui, ne consultant ni ses forces ni ses années,
se fit missionnaire à l'âge de plus de 60 ans.

voulons rattacher le récit sommaire de la vie de Monseigneur Amand-René Maupoint, Évêque de Saint-Denis, Assistant au trône pontifical, Délégué apostolique de la côte orientale d'Afrique.

I.

Amand-René Maupoint naquit à Chênehutte-les-Tuffeaux, le 6 décembre 1810. Dieu, qui le destinait à devenir un jour l'un des chefs de son peuple, lui donna pour mère une femme vraiment forte ; près d'elle et sous son œil vigilant, il commença ses études au collége de Saumur ; il les termina avec succès au petit-séminaire de Beaupreau, berceau chéri de tant de vocations ecclésiastiques. Il se rendit ensuite au séminaire de Saint-Sulpice, à Paris, où, sous la conduite des meilleurs maitres, il fit de rapides progrès dans la piété et la science sacrée.

Il revint à Angers en 1834. Mgr Montault, qui avait deviné de suite les rares aptitudes du jeune diacre, le retint près de lui, et lui confia l'organisation et la direction du grand catéchisme de Persévérance.

Ordonné prêtre le 14 mars 1835, il fut nommé le même jour vicaire à Notre-Dame d'Angers. Le jeune prêtre continua à donner tous ses soins à l'œuvre importante du catéchisme de Persévérance ; ce catéchisme est resté longtemps célèbre à Angers ; il a été comme la pépinière d'une génération de femmes vraiment chrétiennes, qui montrent aujourd'hui dans la société angevine, qu'elles édifient par leurs exemples, ce que vaut l'enseignement solide et approfondi de la religion.

L'esprit organisateur et l'âme de feu de l'abbé Maupoint lui firent prêter un concours actif à l'établissement des *Salles d'asile*, Œuvre jusque-là inconnue à Angers, qui rencontra à son début des obstacles nombreux. Mais la prudence et le zèle du jeune prêtre surent bientôt les aplanir.

C'est encore à cette époque que nous devons placer la fondation de l'Œuvre des *Petits Ramoneurs* : le jeune vicaire de Notre-Dame avait souvent remarqué, dans les rues de notre ville, ces enfants des montagnes de la Savoie ou de l'Auvergne ; le ton plaintif de leur voix, la douce mélancolie de leur regard, ont touché le cœur sympathique du bon prêtre : « Mais, dit-il, sous ces haillons, sous ce teint noirci par le travail, il y a une âme, une âme créée à l'image de Dieu. Ces enfants seront mes enfants. » Il dit : et déjà une maison est achetée ; de pieuses dames lui prêtent leur concours ; il devient le père de ces nouveaux enfants, s'improvise leur maître d'école, les visite chaque jour, leur apprend le catéchisme et les prépare à leur première communion.

Cette Œuvre fut couronnée d'un plein succès ; confiée aujourd'hui au zèle de saints religieux, elle perpétue et fait bénir le souvenir de son pieux fondateur ; nous l'avons dit : sa mémoire sera bénie, *cujus memoria in benedictione est.*

Pendant son séjour à Notre-Dame, l'abbé Maupoint organisa encore l'*Œuvre des Domestiques*, qui a rendu et qui rend tous les jours d'immenses services à cette portion si intéressante du troupeau de Jésus-Christ.

Un si grand nombre d'Œuvres, habilement conduites, devaient nécessairement attirer les regards de l'autorité diocésaine sur l'intelligent et zélé vicaire de Notre-Dame.

La paroisse de la Trinité, l'une des plus importantes de la ville épiscopale, venait de perdre son vénérable curé, M. Gruget. Ce prêtre, type parfait de notre ancien clergé, homme d'esprit et de cœur, *homme de Dieu et homme du peuple*, comme on l'a si bien dit [1], avait administré sa paroisse pendant soixante-cinq ans; il ne l'avait jamais quittée, même pendant les plus mauvais jours de la Terreur, donnant dans toutes les situations l'exemple de toutes les vertus sacerdotales.

Pour succéder à un tel homme, il fallait un prêtre d'élite : ce prêtre sera l'abbé Maupoint. Aussitôt que le choix du nouveau curé de la Trinité fut connu, la voix publique l'approuva avec enthousiasme ; nous nous rappelons encore les témoignages de sympathie donnés à cette nomination par le clergé du diocèse ; comme aux premiers âges de l'Église, les fidèles et les prêtres acclamèrent eux-mêmes le nouvel élu.

Le saint vieillard était heureusement remplacé par ce

---

[1] Notice sur l'abbé Gruget, par M. l'abbé Maupoint. — Appendice à la Vie de Mgr Montault.

jeune prêtre de vingt-neuf ans : on put dès lors concevoir les plus belles espérances pour l'avenir de cette paroisse.

Avec son cœur d'apôtre, le jeune curé se met à l'œuvre. Ami de l'étude et tout dévoué à son troupeau, il partage son temps entre la visite de ses paroissiens, les devoirs du saint ministère et le travail du cabinet ; nous l'avons trouvé maintes fois, entouré de ses livres, étudiant en silence pendant de longues veilles, et préparant déjà tant d'écrits qui bientôt sorfiront de sa plume ; on eût dit un bénédictin dans sa cellule.

Il créa tout d'abord, une Ecole et un Ouvroir pour les filles pauvres de sa populeuse paroisse. Cette création a toujours été l'une de ses Œuvres de prédilection ; il l'a aimée jusqu'à la fin, et elle a été l'objet d'un souvenir spécial dans ses dispositions testamentaires : il laisse, si je ne me trompe, un legs de dix mille francs à l'Ouvroir de la Trinité d'Angers.

Oh ! généreux Évêque, les grandes eaux qui vous séparaient de votre ancienne paroisse n'ont pu éteindre dans votre cœur les flammes de votre charité, *aquæ multæ non potuerunt extinguere charitatem* (Cant., VIII, 7).

Parlons maintenant d'une autre Œuvre due au zèle de ce bon pasteur : la *Messe des hommes.*

Les hommes, vous le savez, vénérés Confrères, sont la portion la plus importante du troupeau qui nous est confié ; c'est aussi celle qu'il nous est le plus difficile d'atteindre.

L'abbé Maupoint comprit bientôt qu'il devait porter toute son activité de ce côté. Pour arriver à son but, voici ce qu'il

imagina : il annonça solennellement du haut de la chaire que chaque dimanche la messe de huit heures serait la *messe des hommes* de sa paroisse, que toute la nef de l'église leur serait réservée, et que chacun pourrait user des chaises sans être tenu à aucune contribution. Cette annonce, faite avec ce tact parfait, ce ton digne et aimable qui le distinguaient, eut un plein succès ; le dimanche suivant, l'église était remplie d'hommes ; dire la joie du pasteur et de ses zélés collaborateurs serait impossible ; il parla avec son cœur à ces hommes qu'il avait mieux que personne le don d'émouvoir. Chaque dimanche il les retrouva autour de sa chaire, et pendant neuf ans, il ne céda que rarement à d'autres la joie de converser avec *ses hommes*, comme il les appelait. Ce fut là, mes Frères, l'une des grandes œuvres de l'homme apostolique dont nous racontons la vie.

C'est à cette messe des hommes que nous devons rattacher encore la fondation d'une Société de Secours mutuels, spécialement placée sous le vocable et la protection du Sacré-Cœur de Jésus, Société dont les membres franchement chrétiens sont toujours l'édification de notre ville d'Angers.

L'ennemi de tout bien se montra bientôt jaloux de pareils succès. Un disciple de Luther, envoyé sans doute par la Société Biblique, semblable à un oiseau de proie, vint s'abattre sur Angers. C'est contre le curé de la Trinité qu'il dirigea ses premières attaques ; et c'est au milieu de sa paroisse qu'il voudra établir, dans une chapelle abandonnée, le siége de ses conférences publiques, et comme le quartier général de sa funeste propagande. Mais il n'en aura pas le temps : le cœur de l'apôtre est clairvoyant, l'antique chapelle est achetée par le généreux pasteur, et deviendra plus tard le berceau de l'établissement dans notre ville d'Angers des admirables Petites-Sœurs des Pauvres.

Pendant ce temps, la plume qui déjà avait tracé la *Vie de Mgr Montault*, réfutait dans un livre solide les principales erreurs de la Réforme, tandis que le *Bouclier de la Foi* devenait entre les mains des fidèles une arme puissante pour défendre leur foi attaquée par l'hérésie.

L'abbé Maupoint était tout entier livré à ces travaux du zèle pastoral le plus pur, aimant son peuple et en étant aimé, lorsqu'au nom d'une vieille amitié de séminaire, Monseigneur l'Évêque de Rennes le supplia de venir l'aider dans l'administration de son vaste diocèse.

L'abbé Maupoint hésita ; il nous fut donné d'être en cette circonstance le confident des pensées intimes de son âme. Après avoir beaucoup prié, il remit la décision de cette importante affaire à l'un des prélats les plus illustres de ce temps, Mgr Villecourt, Évêque de la Rochelle, depuis Cardinal de la sainte Église romaine, qui l'honorait d'une estime et d'une affection toute particulière. La réponse fut formelle : « C'est Dieu qui vous appelle par la voix d'un ami. »

Partez, saint prêtre, quittez cette paroisse où vous êtes aimé, cette ville où votre nom est béni ; cette première séparation est le prélude de plus grands sacrifices que Dieu vous demandera bientôt pour le bien de son Eglise.

Nous ne dirons qu'un mot de son séjour à Rennes :

Par son affabilité, ses vues grandes et élevées, ses inten-
tions toujours droites, le nouveau vicaire-général fit bientôt
oublier qu'il n'était pas breton ; en moins de quelques mois
il était devenu l'ami de tous les prêtres, le protecteur de toutes
les bonnes œuvres et le collaborateur zélé de son Évêque.

L'Œuvre principale à laquelle l'abbé Maupoint a attaché
son nom dans le diocèse de Rennes, c'est l'établissement d'une
communauté, dont les Sœurs vont *seules* dans les campagnes
se dévouer à l'instruction de l'enfance ; cette Congrégation
est restée florissante, elle compte aujourd'hui plus de quatre
cents religieuses [1].

Avant d'aller plus loin, mesurons encore une fois cette
belle carrière de vicaire, de curé, de vicaire-général. Que
d'œuvres, mes Frères ! Quel zèle actif et persévérant ! Je n'ai
fait qu'esquisser rapidement la première partie de la vie de
ce saint prêtre, et déjà vous admirez avec moi ces œuvres
multiples qui ont surgi sous chacun de ses pas ; déjà on peut
dire de lui comme du divin Maître, *pertransiit benefaciendo,*
partout où il passe il fait le bien : oui ce prêtre est véritable-
ment aimé de Dieu et des hommes et sa mémoire est en
bénédiction, *dilectus Deo et hominibus, cujus memoria in benedictione est.*

---

[1] Cette Congrégation a cela de particulier que chacun de ses membres
peut *isolément* donner l'instruction dans la paroisse où on l'appelle.

II.

Ainsi préparé, il pouvait remplir dans l'Eglise de Dieu les plus hautes fonctions. Un décret du 14 février 1857, le nomma Evêque de Saint-Denis, dans l'Ile de la Réunion.

« Si j'avais été nommé évêque de l'un des diocèses de France, disait-il, avec cette charmante simplicité qui lui était ordinaire, j'aurais hésité beaucoup, car j'aurais eu peur de pécher par vanité ; mais partir à quatre mille lieues de son pays, pour être missionnaire, voilà qui est bien ; si le Pape veut de moi, j'irai, et de grand cœur. »

Et pourtant les séparations devaient être cruelles, car il laissait dans la mère-patrie de nombreux et fidèles amis. En quittant l'Anjou, Monseigneur disait un éternel adieu à sa vénérable mère... Mes Frères, en rappelant ce souvenir, je me sens ému ; quitter sa mère, pour toujours !!!

Mieux que moi vous pourriez nous dire la grandeur de son sacrifice, bons habitans de ces contrées, vous qui avez connu cette femme admirable dont les vertus et celles de sa sainte fille, ont si longtemps édifié votre religieuse paroisse.

Il partit ; le vaisseau qui le portait, guidé par l'Etoile de

la mer, arriva heureusement au port. Le troupeau confié à
ses soins put lire aussitôt sur le blason et dans le cœur de
son nouveau pasteur, ces nobles paroles du grand apôtre :
Non vestra sed vos ; elles résument son épiscopat tout entier,
elles résument toute sa vie. Des âmes, je veux des âmes; en-
tendez, mes Frères, ce premier cri de son cœur d'Évêque.
« Non, non, Ile de la Réunion, nous né venons pas chercher
ton or, ton argent ou les riches productions dont Dieu s'est
plu à embellir ton sol privilégié ; ce sont les cœurs et les
âmes de tes habitants que nous venons conquérir, ces âmes,
dont Jésus-Christ a dit, qu'une seule pesait plus devant lui
que le monde entier, ces cœurs dont nous avons déjà pu
apprécier toutes les qualités si rares et si attachantes, non
pás pour les garder, nous n'en sommes pas dignes, mais pour
les déposer aux pieds du Sauveur du monde, par les mains
de sa sainte Mère. *Non vestra sed vos.* » (*Mandement de prise
de possession.*)

Pour arriver plus sûrement à la conquête des âmes, notre
saint Pontife mit en œuvre trois moyens infaillibles : la sanctification de son clergé, l'érection de nouvelles paroisses, les
visites pastorales accompagnées de la prédication de la parole de Dieu.

L'évêque n'est puissant qu'avec le concours de ses prêtres;
ses prêtres sont ses lieutenants et les chefs immédiats de son
peuple. Monseigneur Maupoint aima ses prêtres avec la
tendresse d'un père. Chaque année il les réunissait pour la
retraite et le synode, il présidait à toutes les réunions, et

souvent il prêcha lui-même toutes les instructions, donnant à ses prêtres des règles sûres pour l'exercice du saint ministère, et révélant dans ces causeries familières toute la vivacité de sa foi, sa connaissance profonde des saintes lettres, son intelligence des besoins de son diocèse, et toujours et partout la bonté de son cœur.

Le prêtre au sortir de ces entretiens paternels reprenait la houlette pastorale avec un zèle plus ardent ; mais plusieurs paroisses étaient beaucoup trop étendues, et les églises, d'un accès difficile aux fidèles, de là, un état de souffrance pour une grande partie du diocèse, des villages entiers n'entendaient presque jamais la parole de Dieu et se trouvaient privés des autres secours religieux. Le zélé Prélat ne négligea rien pour porter remède à ce mal. Secondé par la bienveillance de l'administration supérieure de la Colonie, en moins de douze ans, il a érigé plus de 20 nouvelles paroisses, construit un plus grand nombre d'églises ou de chapelles, et organisé partout le service paroissial. C'est là, mes Frères, un fait considérable et qui suffirait à lui seul pour faire bénir éternellement dans l'Ile Bourbon, le nom de Mgr Maupoint, *cujus memoria in benedictione est.*

Faut-il parler maintenant de ses courses à travers son diocèse. Regardez, mes Frères, l'évêque missionnaire et soyez fiers : voyez cette taille majestueuse, cette démarche toujours noble, ce front haut et radieux, ce regard plein d'affabilité, ces lèvres souriantes, et cette main qui bénit toujours ; voyez ces enfants et ces mères qui l'arrêtent dans sa marche,

ces pauvres qui se pressent autour de lui : ne dirait-on pas Jésus revenu sur la terre !

Il ne fait aucune acception de personne, ou plutôt, dans ce cortége triomphal, ses plus délicates attentions sont pour les malheureux et les petits. Chose inouïe avant lui, on l'a vu souvent, dans les rues de sa ville épiscopale, s'arrêter, prendre dans ses bras, et caresser affectueusement de pauvres petits négres couverts de haillons et de plaies.

Mais j'ai hâte d'achever, car je le sens, mes paroles sont incapables d'exprimer toutes les œuvres de zèle de notre saint Prélat, c'est avec raison que l'éloquent religieux qui a fait son oraison funèbre, a dit de lui ces paroles du Roi-Prophète : *Zelus domus tuæ comedit me* ; Il a été vraiment dévoré du zèle de la maison de Dieu.

Toutefois, avant de terminer, nous dirons encore un mot ; notre pieux ami nous reprocherait de l'omettre dans ce moment solennel.

Dans l'âme si ardente de Mgr Maupoint, il fut après l'amour de Dieu un amour qui surpassa tous les autres, ou plutôt qui les résuma tous et les vivifia sans cesse, c'est l'amour du Saint-Siége et du Souverain-Pontife.

Attaché aux doctrines romaines par cet instinct catholique que Dieu donne aux âmes droites, avant de l'être par les études sérieuses et complètes qu'il fit sur cette question, il ne comprit jamais que l'on pût contester au Chef visible de l'Eglise des prérogatives nécessaires à sa charge souveraine.

Aussi, lorsque l'esprit orgueilleux de ce siècle vint faire

tant de bruit autour de la question de l'infaillibilité pontificale, lorsque l'on vit des chefs du peuple chrétien s'oublier un instant eux-mêmes jusqu'à faire cause commune
avec les ennemis du Saint-Siége, lui, le saint et savant
Évêque, n'hésita pas à défendre énergiquement au sein du
Concile du Vatican les droits du successeur de saint Pierre,
disant tout haut à qui voulait l'entendre, avec cette franchise
que j'appellerai toute angevine, qu'il ne comprenait rien à
tout ce bruit; que pour lui, depuis l'âge du catéchisme jusqu'à
ce jour, il lui avait toujours semblé évident qu'une Église
infaillible devait avoir un Chef infaillible; qu'il était grand
temps de clore par une définition dogmatique toutes ces dis-
cussions si nuisibles à la paix des consciences.

Pie IX aimait ce grand cœur, et connaissant son dévoue-
ment intelligent à toutes les œuvres catholiques, il confia à
son zèle et plaça sous sa juridiction immédiate les vastes
contrées de la côte occidentale d'Afrique. Nous savons tout
l'intérêt que l'Évêque de Saint-Denis porta à cette mission;
il la visita lui-même, et en donna la direction à M. Fava,
son vicaire-général, aujourd'hui Evêque de Saint-Pierre et
de Fort-de-France, à la Martinique, l'un des hommes qui au-
ront laissé les traces les plus durables de leur passage à l'Ile
Bourbon.

Maintenant, il nous faut descendre de cette chaire et mêler
de nouveau nos prières aux prières d'un frère et d'une sœur

chéris, à celles de ces prêtres vénérés, accourus pour honorer cette grande mémoire, à celles de cette paroisse tout entière, dont il fut l'enfant affectionné et le bienfaiteur insigne [1].

Nous prierons ! Avant de mourir (c'était le vendredi 7 juillet), avec toute la lucidité de sa belle intelligence, d'une main ferme, notre pieux prélat écrivit de nouveau ses dernières volontés. Il laissa à son diocèse la plus belle part de son patrimoine, puis il traça ces paroles, qui doivent être toute l'épitaphe de ce grand serviteur de Dieu :

Domine, miserere super isto peccatore. Mon Dieu, mon Dieu, ayez pitié de ce pauvre pécheur.

Prière pleine d'humilité et de confiance, qui à elle seule ferait connaître cette belle âme.

Oui, mes Frères, voilà le vrai point de vue où doit se placer tout homme qui quitte ce monde. En face de l'éternité, il ne reste que deux choses : nos fautes et la miséricorde de Dieu. Quelles qu'aient été nos œuvres, nous avons toujours besoin de dire : Seigneur, miséricorde! Comme lui, nous prierons avec notre cœur pour que Dieu récompense, s'il ne l'a déjà fait, celui qui l'a toujours tant aimé.

Et vous, ô saint Pontife, ô Père, souvenez-vous de cette terre de France, votre patrie, que ses malheurs rendent plus chère encore à ses enfants, souvenez-vous de ce diocèse

---

[1] Mgr Maupoint, après avoir donné un grand nombre d'ornements à l'église des Tuffeaux, envoya de Saint-Denis une somme de 6,000 fr. pour reconstruire le presbytère qui tombait en ruines.

d'Angers qui fut toujours le vôtre, de cette paroisse où vous êtes né, de ces rives de la Loire où nous aimions tant à vous revoir, près de cette église de Trèves, restaurée et embellie par vos soins généreux [1]. Souvenez-vous de toutes ces Œuvres que vous avez créées et soutenues, souvenez-vous de nous, vos compatriotes et vos frères dans le sacerdoce, afin, bon Père et cher ami, qu'après les jours de la séparation, de la tristesse et du deuil, nous nous retrouvions tous ensemble dans l'éternelle patrie. Ainsi soit-il !

On se rendra compte de l'activité intellectuelle du zélé Prélat, par la liste incomplète de ses écrits que nous donnons ci-après. Depuis sa prise de possession jusqu'au mois d'avril 1871, Mgr Maupoint a publié 109 lettres pastorales ou mandements fort importants, principalement ceux qui ont rapport au Carême, aux Visites Pastorales, et à l'Anniversaire de sa Préconisation.

Apostolat laïque, carême de 1858 ;
Motifs des Visites pastorales, 18 avril 1858 ;
Œuvre de la Propagation de la Foi, 3 décembre 1858 ;

---

[1] Mgr Maupoint, pendant son séjour en France, à son retour de Jérusalem, consacra à la restauration de l'ancienne église de Trèves une somme de 10,000 francs ; il éleva un riche tombeau à sa pieuse mère, et, comme souvenir de son pèlerinage aux Lieux Saints, il érigea un superbe Chemin de croix.

Loi du Travail, carême de 1859 ;

Primauté de saint Pierre et de ses successeurs, 19 mars 1859 ;

Sur l'Épidémie régnante, 25 mars 1859 ;

Sur la Guerre d'Italie, 19 juin 1859 ;

Nécessité de la Science ecclésiastique, à l'occasion de l'Etablissement des Conférences ecclésiastiques, 2 octobre 1859 ;

Souveraineté temporelle du Pape, 25 décembre 1859 ;

Sanctification du Dimanche, carême de 1860 ;

Encyclique du Pape, contenant des remercîments, des protestations, un appel à la prière, 19 mars 1860 ;

Sur les Eglises, 22 avril 1860 ;

Sur les Cimetières du diocèse, 2 novembre 1860 ;

Source véritable de la Grandeur et de la Décadence des peuples, carême de 1861 ;

Sur la prise de Pékin, 10 février 1861 ;

Translation du corps de saint Bénédicte, 18 février 1861 ;

Plan de la Révolution contre la puissance spirituelle du Souverain-Pontife, 19 mars 1861 ;

Sur les offrandes destinées au Pape, 6 juillet 1861 ;

Sur la Société de Saint-Vincent-de-Paul, 5 août 1861 ;

Sur la mission du Zanguebar, août 1861 ;

Les chrétiens Maronites, 9 octobre 1861 ;

Harmonies mystérieuses du Dimanche, carême de 1862 ;

Les prérogatives du Saint-Siége, 19 mars 1862 ;

Sur la Confirmation, à l'occasion de la cinquième Visite pastorale, 20 avril 1862 ;

Voyage en France, 4 mai 1862 ;

Voyage à Rome et retour dans la Colonie, 8 juin 1862 ;

Jérusalem, son enceinte et ses remparts, carême de 1863 ;

La Discipline ecclésiastique, 8 septembre 1863 ;

Le Saint Sépulcre, carême de 1864 ;

La vie de Jésus de Renan réfutée, 1er novembre 1863 ;

Sur l'Édification cléricale, 1er janvier 1864 ;

Obligation pour le prêtre d'annoncer la parole de Dieu, 19 mars 1864 ;

Etude de la Théologie scolastique, 15 août 1864 ;

Les Stations du Saint Sépulcre, carême de 1865 ;

Pouvoir législatif du Pape dans l'Eglise, 19 mars 1865 ;

Le Pape doit et peut condamner les erreurs, à l'occasion de l'Encyclique du 8 décembre 1864, 16 avril 1865 ;

Histoire de la Croix, carême de 1866 ;

La Béatification et la Canonisation des Saints, 19 mars 1866 ;

Sur la Consécration des Eglises, 1er mai 1866 ;

Le temporel du clergé sanctionné par les droits divin, ecclésiastique et civil, 28 avril 1866 ;

Puissance de la sainte Vierge, 26 juillet 1866 ;

Sur les instruments de la Passion, carême de 1867 ;

Institution divine de l'Episcopat, 19 mars 1867 ;

Douleurs de Marie sur le Calvaire, carême de 1868 ;

Prières pour le Saint-Siége et la Pologne, 22 février 1868 ;

Nomination et institution canonique des Évêques, 19 mars 1868 ;

Dévotions populaires et Associations, 10 mai 1868 ;

Les Chrétiens sont enfants de Marie, carême de 1869 ;

La Consécration épiscopale, cérémonies préparatoires, 19 mars 1869 ;

Histoire du Clergé colonial, 26 avril 1869 ;

Jubilé de Pie IX, 27 mai 1869 ;

Sur les Ministres des Saints Mystères, 1er août 1869 ;

Annonce du Concile œcuménique, 10 août 1869 ;

Sur les paroles : Voici notre Mère, carême de 1870 ;

La Consécration épiscopale, cérémonies qui accompagnent et qui suivent, 19 mars 1870 ;

L'Infaillibilité pontificale, 15 août 1870 ;

La Captivité du Souverain-Pontife, 9 octobre 1870 ;

Le pardon des Injures, carême de 1871 ;

Saint Joseph, patron de l'Église catholique, 6 février 1871 ;

Le Concile du Vatican, 19 mars 1871.

Les dernières circulaires avaient trait à la nomination de son grand-vicaire, Mgr Fava, à l'évêché de la Martinique, et à sa tournée pastorale pour 1871. Dieu ne lui a donné que le temps d'entreprendre le voyage de l'éternité.

On a encore de Mᵍʳ Maupoint plusieurs ouvrages, entre autres :

Vie de Mᵍʳ Montault-des-Isles, Évêque d'Angers, suivie d'une notice sur *Mᵍʳ Paysant*, son successeur, Angers 1844, in-8°;

L'Appel d'un prêtre catholique contre l'appel d'un ministre protestant, Angers, 1845, in-8°;

Le Bouclier de la foi, Paris et Angers, 1845, in-12;

Guide des Associés à la Confrérie du Sacré-Cœur de Jésus, érigée dans l'église de la Trinité d'Angers, Angers, 1848, in-18;

Vie de Mᵍʳ de Hercé, Évêque de Nantes, 2ᵉ édition, Angers et Paris, 1864, in-8°;

La Défense des sept Sacrements, par Henri VIII. Ouvrage traduit du latin avec une préface de Mᵍʳ Villecourt, Évêque de la Rochelle, in-12;

Vie de M. l'abbé Forêt, curé de Saint-Pierre de Saumur, in-12;

Madagascar et ses deux premiers Évêques, Mᵍʳ Dalmont et Mᵍʳ Monnet, 2 volumes, Paris, 1864, in-12;

Constitution de l'Eglise catholique;

Statuts et ordonnances synodales;

Discours synodaux de 1858 à 1862 et de 1863 à 1869;

Petit rituel romain, 1ᵉʳ janvier 1863, etc.

Enfin il convient d'ajouter :

L'Histoire de la Colonie de Bourbon et *l'Histoire du dernier Concile de Rome*, deux importants ouvrages restés en manuscrit et qui, grâce à des plumes exercées, ne tarderont pas à être publiés.

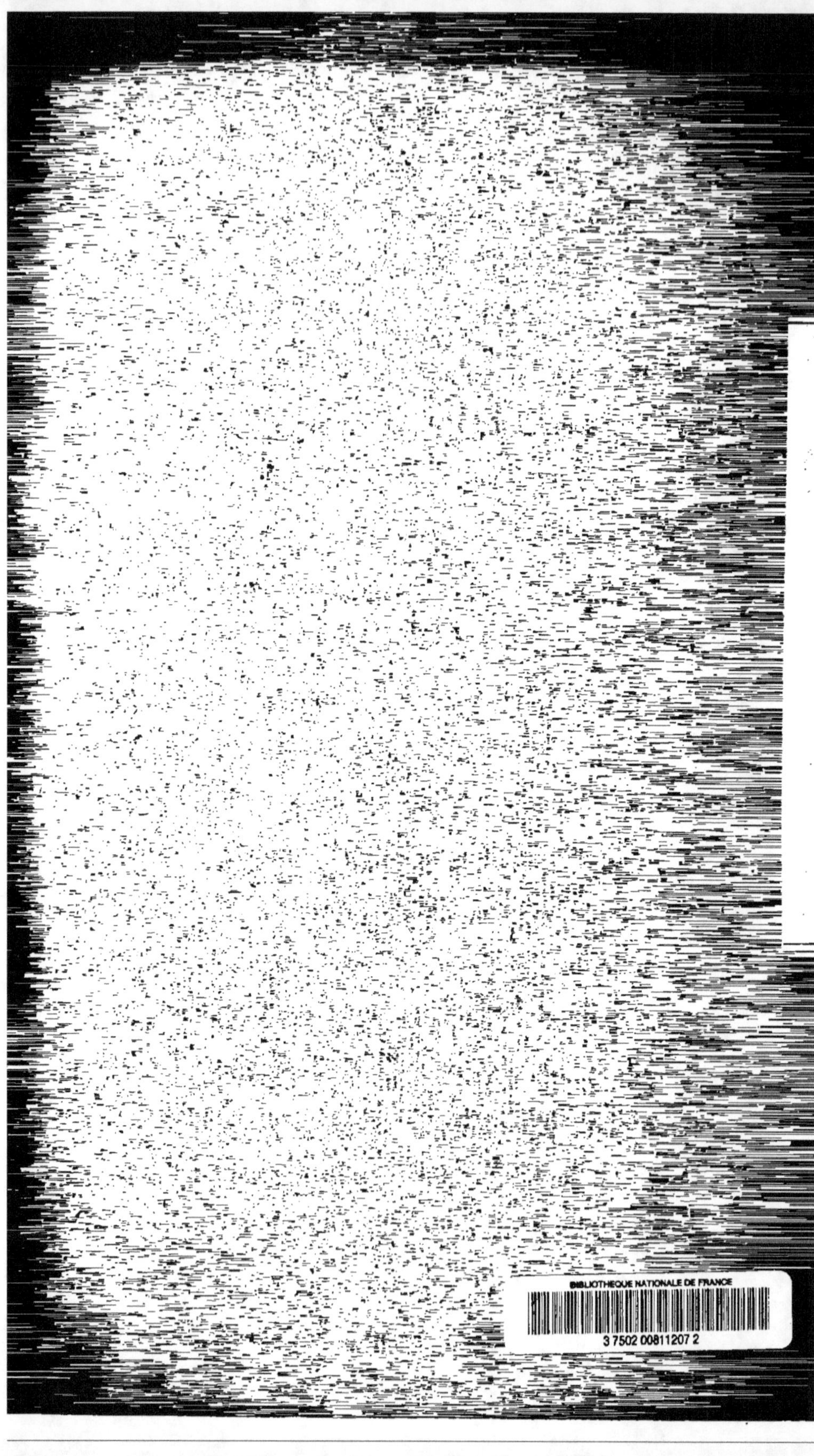